avec q.q. Prix. 1867 (Avril, Mai / 30-1er)

Vente des Mardi 30 Avril et Mercredi 1er Mai 1867

COLLECTION DE M. RIVET

MAJOLIQUES

BELLES SCULPTURES EN MARBRE,
BRONZES D'ART, MEUBLES,
TAPISSERIES.

EXPOSITION PUBLIQUE :

Le Lundi 29 Avril 1867.

Me CHARLES PILLET	**M. CHARLES MANNHEIM,**
Commissaire-priseur	Expert

1867

CATALOGUE

DE

MAJOLIQUES

ITALIENNES

DES ANCIENNES FABRIQUES DE GUBBIO, D'URBINO, DE FAENZA, PESARO,
DERUTA, HISPANO-ARABE, SICULO-ARABE,
CASTEL-DURANTE, CAFFAGIOLLO, SAVONE, CASTELLI, etc.

Beaux Plats à reflets métalliques;
Grands Bustes en marbre blanc; Belle Coupe ovale
en porphyre rouge oriental;
Vases et Fûts de colonnes en marbre; Très-beaux Bas-Reliefs
en marbre de l'École milanaise du XVe siècle;
Statuette équestre en bronze d'une exécution remarquable;
Bronzes d'art; Cuivres repoussés;
Table et Cabinet en écaille; Meubles anciens
en bois sculpté; Étoffes anciennes; Tapis de Perse;
Belle Tapisserie des Gobelins

Composant la Collection de M. RIVET

ET DONT LA VENTE AURA LIEU

HOTEL DROUOT, SALLE No 3

Les Mardi 30 Avril et Mercredi 1er Mai 1867

A DEUX HEURES.

Par le ministère de Me **Charles PILLET**, Commissaire-Priseur,
rue de Choiseul, 11,

Assisté de M. **Charles MANNHEIM**, Expert, rue de la Paix, 10.

Chez lesquels se trouve le présent Catalogue.

EXPOSITION PUBLIQUE

Le Lundi 29 Avril 1867, de une heure à cinq heures.

CONDITIONS DE LA VENTE

Elle sera faite au comptant.

Les adjudicataires payeront *cinq pour cent* en sus des enchères.

L'exposition mettant le public à même de se rendre compte de l'état des objets, il ne sera admis aucune réclamation une fois l'adjudication prononcée.

Paris. — Imp Pillet fils aîné, rue des Grands-Augustins, 5.

DÉSIGNATION DES OBJETS

FAIENCES ITALIENNES

Fabrique de Gubbio

1 — Joli petit plat fond bleu orné de trophées en grisaille et offrant au milieu une figure d'amour. Cette charmante pièce rehaussée de riches reflets nacrés et rouge rubis, est attribuée à Maestro Giorgio.

Diam., 22 cent.

2 — Petite coupe amatoria à reflets mordorés et nacrés.

Diam., 20 cent.

3 — Coupe fond bleu à reflets rubis et nacrés, décorée d'ornements en grisaille et d'un buste de femme en médaillon.

Diam., 25 cent.

4 — Vase à deux anses décoré d'ornements à reflets or et rubis, d'une grande beauté.

Haut., 25 cent.

5 — Vase à trois anses sur piédouche à reflets or et nacrés, avec le monogramme du Christ dans ses médaillons.

Haut., 25 cent.

6 — Vase à deux anses décoré d'imbrications et d'ornements à reflets métalliques mordorés et rouge rubis.

7 — Vase modèle cornet, décoré de rosaces et de fleurons à reflets métalliques rehaussés de bleu.

Fabrique d'Urbino

8 — Grande vasque ronde ; les anses sont formées par des serpents enroulés, le décor extérieur est à grotesques sur fond blanc; l'intérieur représente Joseph expliquant les songes devant Pharaon. Exode, xli.

9 — Grand vase à bandes alternées, rouge orangé et bleu, décoré de rinceaux gracieux ; un médaillon représente la naissance du Sauveur.

Haut., 37 cent.

10 — Grand plat représentant la mère de Coriolan au camp de son fils. Composition de quantité de figures très-finement dessinées; au revers se trouve une inscription, une marque d'artiste et la date de 1546.

Diam., 39 cent.

11 — Coupe sur piédouche à bossages, rehaussée d'ornements sur fonds bleu et orange alternés ; au milieu, un amour.

Diam., 27 cent.

12 — Jolie plaque carrée décorée d'un sujet allégorique, le Temps apportant les infirmités à la vieillesse.

13 — Petite gourde fond blanc décorée d'arabesques et de mascarons.

14 — Beau plat rond portant la signature de *Francesco Xanto* et représentant un sujet de personnages.

Cette pièce est remarquable par la finesse du dessin et par la beauté de son émail.

Diam., 26 cent.

15 — Plat rond richement décoré d'arabesques très-fines et du meilleur goût sur fond blanc; au milieu, un médaillon représentant Neptune.

Diam., 32 cent.

16 — Autre plat de même décor et de même dimension.

Diam., 32 cent.

17 — Salière de forme ovale dont la cavité, décorée d'une figure en camaïeu, est supportée par quatre cariatides de femmes ailées se terminant en rinceaux.

18 — Petit plat rond décoré au centre d'une figure d'amour ; le bord présente des grotesques et des ornements à rinceaux. Cette pièce est accompagnée d'une coupe ronde et basse à deux anses formées de cariatides, et d'un décor analogue.

19 – Jolie buire décorée de figures et d'ornements en couleur sur fond blanc. L'anse est rattachée à la panse par un mascaron. Elle porte la date de 1683.

20 — Coupe ronde sur piédouche offrant à l'intérieur les figures de Vénus et les amours dans un paysage.

21 — Petit plat rond creux décoré d'arabesques en couleurs, fond blanc, et offrant à son centre un écusson armorié.

22 — Petit plat représentant Joseph et Putiphar.

23 — Plat rond représentant un Festin dans un paysage, et portant un écusson armorié surmonté d'un chapeau de

cardinal. Au revers se trouve l'indication du sujet et la date de 1542.

Fabrique de Faënza

24 — Joli vase à deux anses orné de trophées sur fond, alternés rouge orangé et bleu.

25 — Plat forme dite coupe amatoria, fond bleu, orné d'arabesques en grisaille; au milieu se trouve un riche écusson.

Diam., 25 cent.

26 — Coupe à bossages décorée de fines arabesques et de dauphins sur fond, alterné rouge orangé et bleu, et d'un médaillon représentant, dans un paysage, une nymphe attachée à un arbre.

Diam., 30 cent.

27 — Coupe basse décorée en camaïeu bleu et offrant au milieu une armoirie de cardinal.

Diam., 27 cent.

28 — Coupe ronde et creuse sur piédouche décoré de larges frises d'ornements sur fond bleu et représentant à l'intérieur un écusson armorié.

Fabrique de Pesaro

29 — Grand plat rond dont le marli est richement décoré d'ornements fins et de couleurs très-vives ; au milieu, un cavalier avec une armoirie.

Diam., 40 cent.

30 — Plat rond et de décor analogue; le milieu, représente une Diane.

Diam., 40 cent.

31 — Plat rond et de même décor; au milieu, un Chasseur.

Diam., 40 cent.

32 — Plat rond et de décor analogue; au milieu, deux personnages.

Diam., 40 cent.

33-35 — Trois plats ronds de même décor et représentant au milieu une figure de Cavalier. Ils seront vendus séparément.

Diam., 40 cent.

36 — Plat analogue à ceux qui précèdent, au milieu, un Empereur romain.

Diam., 40 cent.

37-38 — Deux plats analogues; au milieu, un Turc à cheval.

Diam., 40 cent.

39-40 — Deux plats analogues; au milieu, joli buste de femme.

Diam., 40 cent.

41-42 — Deux Plats de même décor; au milieu un buste de Femme.

Diam., 43 et 42 cent.

43 — Plat de même décor; au milieu, une figure d'Apollon.

Diam., 39 cent.

44 — Plat de même décor; au milieu, un Cavalier très-finement dessiné.

Diam., 39 cent.

45 — Plat de même décor; au milieu, un Guerrier appuyé sur son bouclier.

Diam., 39 cent.

46 — Plat de même décor; au milieu, Travaux d'Hercule.

Diam., 40 cent.

47 — Plat de même décor; au milieu, Travaux d'Hercule.

Diam., 40 cent.

48 — Plat de même décor; orné au milieu d'une armoirie de Cardinal.

Diam., 40 cent.

49 — Plat de même décor, orné au milieu d'une armoirie.

Diam., 40 cent.

50 — Plat même décor ; au milieu, un Cavalier.

Diam., 43 cent.

51 — Plat même décor ; au milieu, Roi debout tenant un sceptre.

Diam., 43 cent.

52 — Plat même décor ; au milieu, buste de femme.

Diam., 39 cent.

53 — Plat même décor ; au milieu, Femme Martyre.

54 — Plat même décor ; au milieu, groupe de deux figures.

Diam., 39 cent.

55 — Joli vase à deux anses, élevé sur piédouche, décoré de rinceaux et d'ornements de couleurs très-vives.

Haut., 31 cent.

56 — Deux autres vases un peu plus petits, de même forme et de même décor.

Haut., 25 cent.

57 — Vases à deux anses décoré d'imbrications et d'ornements à reflets métalliques rehaussés de bleu.

58 — Vase analogue à celui qui précède.

Fabrique hispano-arabe

59 — Plat rond décoré d'ornements très-fins à reflets rouge vif ; sur l'ombilic se trouve le monogramme du Christ.

Diam., 50 cent.

60 — Beau plat à ombilic saillant orné de feuillages à reflets rouges très-vifs.

Diam., 40 cent.

61 — Autre plat même décor à reflets mordorés.

Diam., 40 cent.

62 — Hanap de forme élégante avec son plateau décor reflets métalliques très-vifs.

Haut., 22 cent.

63 — Grand plat à godrons portant des inscriptions et à reflets très-vifs.

Diam., 48 cent.

64 — Autre grand plat à inscriptions et reflets rouge vif.

Diam., 48 cent.

65 — Plat plus petit, même décor.

Diam., 38 cent.

Fabrique Siculo-arabe

66 — Deux très-grands vases de forme ovoïde, fond bleu, décorés de dauphins et d'ornements variés; le tout rehaussé de reflets d'or très-vifs. Pièces remarquables par leurs dimensions.

Haut., 55 cent.

67 — Grand plat à ombilic saillant, orné de feuillages en relief rehaussés de reflets mordorés et bleus, du plus bel effet.

Diam., 50 cent.

68 — Grand bassin rond et creux, décoré d'ornements et de feuillages en bleu, rehaussés de reflets mordorés et nacrés.

Diam., 46 cent.

69 — Grand plat à bossages à vifs reflets or et bleu, orné dans le milieu d'un griffon héraldique.

Diam., 46 cent.

70 — Plat plus petit, même décor.

Diam., 38 cent.

71 — Sous ce numéro divers plats, de grandeur différente, seront vendus séparément.

72 — Sous ce numéro, deux paires de cornets seront vendus separément.

73 — Petit vase à couvercle, décoré d'ornements à reflets métalliques sur fond bleu.

74 — Deux cornets décorés de feuillages en bleu et à reflets métalliques mordorés.

Fabrique de Caffagiollo

75 — Plat à ombilic richement décoré d'ornements variés avec buste de jeune fille ; au revers, le monogramme S. M.

Diam., 34 cent.

76 — Petit plat d'un joli décor ; au milieu, l'écusson armorié de la famille Samminiati.

Diam., 22 cent.

77 — Coupe élevée sur piédouche, richement décorée sur fond orange, à l'extérieur comme à l'intérieur, de trophées et de mascarons finement dessinés ; au milieu, un monarque tenant son sceptre est assis sur un trône.—*Pièce rare.*

Diam., 23 cent.

78 — Petite coupe décorée d'ornements gracieux.

Diam., 10 cent.

79 — Ecritoire formée d'un groupe représentant saint Georges terrassant le dragon. Le socle porte l'écusson des Médicis.

80 — Vase à goulot et à anse présentant sur sa face principale un buste de femme dans une couronne de fruits.

81 — Deux vases forme balustre sur piédouche et à deux anses torses, décorés de bustes de femmes et de rinceaux.

Fabrique de Castel-Durante

82 — Deux vases de forme cylindrique, décorés de chimères et de mascarons en grisaille sur fonds bleu et orangé. L'émail de ces pièces est très-brillant.

Haut., 30 cent.

83 — Deux petits cornets, très-riches d'émail et de décor.

84 — Deux vases de forme ovoïde, décorés de bustes de femmes et de vieillards sur fond jaune; les entre-deux présentent des fleurs et des rinceaux émaillés en couleurs sur fond bleu.

85 — Vase de même forme, décoré de trophées d'armes et de musique en camaïeu jaune orangé sur fond bleu.

86 — Vase en forme de cornet surbaissé, décoré d'une large frise de trophées et d'un médaillon renfermant un amour sur fond jaune.

87 — Sous ce numéro, plusieurs paires de très-beaux cornets seront vendues séparément.

Haut., 29 cent.

88 — Sous ce numéro, plusieurs paires de cornets un peu plus petits seront vendues séparément.

Haut., 26 cent.

89 — Deux cornets ornés de médaillons sur fond orangé avec un buste de nègre, armoirie des Pucci de Florence.

Haut., 23 cent.

90 — Sous ce numéro, plusieurs gros cornets seront vendus séparément.

Fabrique de Laffratta

91 — Petit plat gravé sur engobe d'un joli décor.

92 — Grand plat gravé sur engobe, décoré de riches ornements.

Diam., 40 cent.

93 — Plaque ronde, gravée sur engobe; au milieu une croix de Malte.

94 — Petit plat creux, décoré de rinceaux et d'armoiries, gravés sur engobe.

Fabrique de Deruta

95 — Grand plat rond orné d'une armoirie et portant au revers l'inscription suivante: 1620 *in Deruta*. Pièce intéressante.

Diam., 45 cent.

96 — Grand plat rond, à riches reflets nacrés; le milieu réprésente une chimère ailée.

Diam., 40 cent.

97 — Autre plat de même décor ; une belle armoirie se trouve sur l'ombilic.

Diam., 38 cent.

98 — Plat de même fabrique très-beau de reflets et d'émail ; sur l'ombilic se trouve un grand E.

Diam., 34 cent.

99 — Petite coupe amatoria à reflets nacrés très-vifs.

Diam., 21 cent.

100 — Petite brocca de forme élégante, décorée d'ornements et de feuillages à reflets nacrés et or sur fond bleu.

Haut., 20 cent.

101 — Vase à deux anses élevé sur piédouche décoré d'ornements et d'inscriptions, et rehaussé de vifs reflets nacrés.

Haut., 31 cent.

102 — Autre vase de même décor et pouvant lui servir de pendant.

Fabrique de Savone

103 — Plat rond présentant un groupe de cavaliers au galop, armés de toutes pièces ; décoré en camaïeu bleu.

Diam., 38 cent.

104 — Plat rond présentant un sujet analogue avec écusson armorié rehaussé de jaune d'or.

Diam., 39 cent.

105 — Vase de forme élevée et gracieuse, d'un joli décor.

Haut., 40 cent.

Fabrique de Castelli

106 — Grand et beau plat rond, représentant le Triomphe de Judith; le marli est richement orné de rinceaux, d'amours et de mascarons.

La grandeur et la finesse d'exécution de cette pièce la recommandent tout particulièrement.

Diam., 42 cent.

107 — Plat de même grandeur et de même qualité, représentant le Sacrifice d'Abraham.

108 — Plat de même grandeur et de même qualité, représentant le roi David dansant devant l'Arche.

109 — Plat de même grandeur et de même qualité, représentant Esther et Assuérus.

110 — Plat de même grandeur et de même qualité, représentant Persée délivrant Andromède.

Diam., 40 cent.

111 — Hanap dont le pourtour est décoré de figures allégoriques et d'un vase de fleurs.

112 — Deux petits plats ronds; David vainqueur de Goliath, et sujet champêtre; les bords sont décorés de rinceaux et d'armoiries.

113 — Deux grandes et belles plaques rondes représentant la Fuite en Egypte, et le Christ et la Samaritaine.

114 — Petite coupe ronde; Triomphe d'Amphitrite.

115 — Plat rond représentant la Pêche miraculeuse.

116 — Petite plaque ronde représentant une Marche triomphale.

117-119 — Six plaques ovales; personnages dans des paysages. Elles seront vendues par deux.

120-121 — Quatre plaques de forme carrée; sujets tirés de l'Ancien et du Nouveau Testament. Elles seront vendues par deux.

122-123 — Quatre autres plaques de même forme; deux d'entre elles représentent des sujets religieux et les deux autres des sujets champêtres. Elles seront vendues par deux.

124 — Plaque ronde; Vénus corrigeant l'Amour.

125 — Deux autres plaques rondes; le Christ et la Samaritaine, et sujet champêtre.

Fabriques diverses

126 — Faïence de Perse. — Jolie petite brocca décorée d'ornements en camaïeu bleu sur bleu.

127 — Même fabrique. — Autre brocca, décor polychrome.

128 — Même fabrique. — Grand bol d'un joli décor.

129 — Même fabrique. — Bol fond bleu, joli décor.

130 — Même fabrique. — Sous ce numéro plusieurs tasses et soucoupes seront vendues séparément.

131 — Même fabrique. — Petite buire persane décorée de fleurs émaillées en couleurs.

132 — Fabrique de Monte-Luppo. — Belle vasque en forme de jardinière, d'un beau et très-curieux décor; elle porte les armes des Médicis; pièce rare.

133 — Fabrique de Forli. — Coupe ronde décorée de rinceaux et d'ornements blancs sur fond bleu empois et tores de laurier et bouquets de fleurs en couleurs.

134 — Fabrique d'Avignon. — Grande pièce porte-bouquets avec son plateau, richement décorée d'enroulements de rinceaux et de fleurons, et repercée à jour dans toutes ses parties; pièce très-rare.

135 — Même fabrique. — Petite buire de forme très-élégante.

Terres cuites

136 — Joli petit buste en terre cuite non émaillée de Saint-Jean. Beau travail du XVe siècle, par Andrea della Robbia. Cette pièce provient de la collection du docteur Foresi de Florence, et a figuré avec honneur au musée de Bargello.

137 — Bas-relief en terre cuite, par Lucca della Robbia, représentant Hercule enchaînant Cerbère; les figures se détachent sur fond d'émail bleu.

Cette pièce intéressante provient de la vente Roussel.

Diam., 10 cent.

138 — Buste de femme coiffée d'un voile, dont les larges plis retombent sur ses épaules.

Ecole florentine de la fin du XVIe siècle.

139 — Grande pièce de haut relief en terre cuite émaillée, représentant la Madone et l'Enfant Jésus; copie exacte de la célèbre madone de la Via della Scala à Florence, la seule qui ait été autorisée par la municipalité et faite pour l'Exposition de Florence, par la fabrique Ginori, en 1862.

Sculptures en marbre

ALESSANDRO VITTORIA (Ecole vénitienne).

141 — VITTORIO GRIMANI, buste de marbre blanc, proportion un peu plus grande que nature : tête jeune, buste drapé à l'antique. On lit dans un écusson au revers : VICTOR GRIMANUS HYERONIMI FILIUS. P. V., et à l'épaule gauche : A. V. F. (Alessandro Vittoria fecit).

Victor Grimani, d'une famille ducale de Venise bien

illustre dans l'histoire de l'art par les grands ouvrages exécutés sous son patronage, était lui-même un des grands amateurs du XVIe siècle.

Haut., 95 cent.

ÉCOLE MILANAISE DU XVe SIÈCLE.

142 — Deux médaillons ronds, figures de jeunes femmes en bas-relief, vues à mi-corps et de profil. Les cheveux réunis et nattés par derrière descendent jusqu'à la ceinture du personnage.

Ces deux œuvres d'art, d'un goût exquis et de l'exécution la plus distinguée, rappellent le joli buste de la Béatrix d'Este du musée du Louvre et quelques portraits de Léonard de Vinci peints à la cour de Ludovic le More.

Diam., 45 cent.

143 — Marbre. — Satnt Jean-Baptiste, petit buste en marbre; haut-relief de l'école florentine du XVe siècle.

144 — Buste en marbre représentant le nègre Zamor, serviteur de la comtesse Du Barry ; la tête, qui est pleine d'expression, est en noir antique et le vêtement en brèche coraline.

Grand.. nature.

145 — Buste en marbre blanc représentant une nymphe grandeur nature, pose gracieuse ; beau travail italien du XVIIe siècle.

146 — Autre buste de marbre blanc, de même proportion, représentant le Corrége en costume de l'époque Cette œuvre, d'une admirable exécution, est attribuée au Puget et provient de la celèbre collection Litta de Milan.

147 — Buste antique, en marbre blanc, d'empereur romain, grandeur nature; la chlamyde est en albâtre oriental rubané d'une grande beauté.

Vases et Fûts de colonnes

en porphyre et en marbre

148 — Belle coupe ovale, élevée sur piédouche, en porphyre rouge oriental de la plus belle qualité; elle est ornée ainsi que son couvercle de godrons et de canaux creux et elle est parfaitement évidée. Pièce remarquable.

Diam., 45 cent.

149 — Porphryre rouge oriental. Petite coupe ronde sur piédouche garnie de deux anses en bronze doré. Elle repose sur un socle de même matière garni de moulures en marbre noir.

150 — Marbre jaune antique, de belle qualité. Deux beaux

vases de forme ovoide à deux anses à enroulements, prises dans la masse.

Ils reposent sur des fûts de colonnes en marbre portor à moulures et plinthes en marbre jaune antique.

Haut. des vases, 52 cent. Haut. des fûts, 1 m. 8 cent.

151 — Marbre blanc. Beau vase de forme ovoide orné de canaux creux en spirale et à frise d'ornements très-délicatement sculptés; les anses sont formées de serpents enroulés.

Il repose sur un fût de colonne en marbre cipolin antique, à tore et plinthe en marbre blanc.

Haut. du vase 55 cent. Haut. du fût, 1 m. 10 cent.

Bronzes d'art et Cuivres repoussés

152 — Thomas de Savoie, prince de Carignan, grande figure équestre. La tête est nue, le corps est couvert d'une demi-armure, une large colerette de guipure descend sur les épaules du cavalier, qui tient un bâton de commandement de la main droite; la grande plaque de l'ordre de l'Annonciade est suspendue sur sa poitrine. Ce bronze, aussi remarquable par ses belles proportions que par la finesse du

modelé et de la ciselure, est très-précieux sous le rapport de l'iconographie.

Thomas de Savoie, né en 1596 et mort en 1656, qui fut un des bons capitaines de son temps, est le chef de cette célèbre maison de Carignan d'où sont sortis le prince Eugène et madame de Lamballe.

Haut., 60 cent.

153 — Bronze doré. — Encrier formé par une figure de satyre portant un tronc d'arbre et accroupi sur une base triangulaire ornée de feuillages. XVIe siècle.

154 — Très-grande horloge de table en bronze doré, de forme hexagonale. Le cadran, qui est à la fois horaire et astronomique, est supporté par six dauphins, et le mouvement a trois sonneries indépendantes; il est richement gravé et doré, et porte le nom de *Jeremias Pfaff* d'Augsbourg.

Cette belle pièce d'horlogerie, remarquable par ses dimensions, est renfermée dans un étui en maroquin rouge.

155 — Large galerie de cheminée composée de rinceaux et de fleurons en fer forgé et ciselé; pièce curieuse et rare.
Beau travail italien du XVIIe siècle.

Larg., 90 cent.

156 — Figurine d'enfant nu debout sur socle de forme octogone allongée. Bronze italien du XVIe siècle; belle patine.

157 — Deux jolis flambeaux vénitiens en cuivre gravé à ornements. XVIe siècle.

158 — Deux grands chenets du temps de Louis XIII en cuivre jaune en forme de vases à canaux creux. Les socles triangulaires sont ornés de mascarons aux angles.

159 — Deux chenets Louis XV en bronze doré, modèle rocaille à vases et rinceaux.

160 — Petit mortier en bronze en forme de vase à deux anses, décoré de figures de chevaux et d'ornements en relief. XVIe siècle.

161 — Vase de forme élégante en cuivre repoussé à godrons, ornements et animaux, et garni de deux anses en forme d'S et d'un goulot. Le pied et le couvercle sont ornés de têtes de chérubins. Travail italien du XVIIe siècle.

162 — Buire persane en cuivre, gravée à ornements et rehaussée de parties argentées.

163-166 — Quatre plats en cuivre repoussé. Ils seront vendus séparément.

167-170 — Quatre plats analogues à ceux qui précèdent, mais plus petits. Ils seront vendus séparément,

Porcelaines et Objets variés

171 — Plat creux de forme carrée à contours, en ancienne porcelaine de Sèvres pâte tendre, décoré de fleurs en couleurs et d'ornements en or.

172 — Sucrier de forme ovale et son plateau en ancienne porcelaine de Sèvres pâte tendre, décor dit feuille de choux, à fleurs et hachures bleues.

173 — Ecuelle et son plateau en ancienne porcelaine de Sèvres, pâte dure, à fleurs sur fond blanc et bandes décorées à l'imitation du bois.

174 — Belle garniture de 2 potiches et 2 cornets en ancienne porcelaine du Japon, repercés à jour, richement décorés d'oiseaux chimériques et d'ornements émaillés rouge et bleu avec rehauts d'or.

175 — Grande coupe sur piédouche en ancien émail de Venise, richement décorée de godrons et d'ornements rehaussés d'or sur fonds alternés bleue, blanc et vert.

Diam., 46 cent.

176 — Belle lampe à trois becs en verre blanc de Venise, d'une forme élégante et finement gravée.

Meubles

177 — Beau meuble à deux corps en bois de noyer ancien, d'un travail et d'un style élégants.

178 — Autre meuble de même genre, plus fin de décor et d'une exécution plus soignée encore.

179 — Beau coffre en noyer sculpté ; travail florentin du XVIe siècle, d'une parfaite conservation.

180 — Grande console à étagères en bois sculpté et doré, style Louis XV. Le dessin, l'exécution et surtout la dorure de cette belle pièce ne laissent rien à désirer.

181 — Grand meuble cabinet d'un beau style, entièrement plaqué d'écaille.

182 — Autre cabinet, en ébène, richement décoré de bronzes ciselés et dorés.

183 — Autre cabinet ébène orné de dessins et d'incrustations d'ivoire finement exécutées.

184 — Belle table de forme carré long plaquée en écaille et enrichie d'incrustations de cuivre, de nacre et d'ivoire.

185 — Beau coffre en laque burgauté du Japon, très-riche de dessin et d'ornementation.

186 — Cadre de forme monumentale en bois sculpté, à colonnettes cannelées.

187 — Boîte de forme oblongue en marqueterie de bois de couleurs et ivoire à rinceaux et cariatides. Elle renferme des compartiments formant écritoire et un tiroir fermant à secret. Travail indien.

188 — Coffret vénitien en marqueterie de bois à rosaces et ornements, garni d'écoinçons en cuivre doré, découpés à jour.

189 — Coffret à couvercle bombé en bois noir incrusté d'écaille et de filets de cuivre.

190 — Deux jolis cadres carrés à moulures en bois noir et jaspe de Sicile, et à frontons en bronze ciselé à têtes de chérubins et ornements.

Tapisseries et Étoffes

191-194 — Quatre tapisseries anciennes ornées d'une riche bordure, elles seront vendues séparément.

195 — Belle tapisserie des Gobelins représentant Louis XIV au milieu de sa cour; riche bordure et bonne conservation.

196 — Trois Rideaux ou portières en étoffe de soie fond vert, entourés d'une élégante broderie.

197 — Ornement de prêtre, chasuble, etc., brodés en or fin sur fond de soie cramoisi. Travail du XVIe siècle, d'un dessin et d'une exécution admirables.—Pièce rare.

198 — Grand tapis persan ancien, d'un riche dessin et de belles couleurs.

199-201 — Trois autres tapis plus petits, de même fabrique. et qui seront vendus séparément.

202-204 — Six Rideaux en ancien damas de soie cramoisi encadrés de galons de velours ciselé d'une belle conservation.

Haut., 2 m. 55 cent.

Ils seront vendus par paires.

205 — Grande tenture en ancien filet bleu et blanc, ornée de dessins variés; beau travail italien du XVIe siècle.

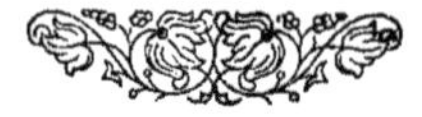

www.ingramcontent.com/pod-product-compliance
Ingram Content Group UK Ltd.
Pitfield, Milton Keynes, MK11 3LW, UK
UKHW020517180726
13839UKWH00005B/2140